VOLUME 9

L'EXPENSALISME

OBSTACLES POUR UN GOUVERNEMENT

AUX FRAIS DE L'AUTRE

PREMIÈRE ÉDITION

Carlos L. Partidas

quimicor2@gmail.com

DEDICATOIRE

Pour les êtres humains intelligents et capables de la Terre

SOMMAIRE

RECONNAISSANCE

À toute l'énergie qui anime toutes les
Les êtres vivants de la Terre

1

DÉPENSALISME

Un dépenseur (Aux frais de l'autre) est celui qui, pour pouvoir agir, se nourrit ou vit aux dépens des idées des autres. Le dépensier n'a pas de dogme sur lequel se baser, ni de forme d'action propre, car il souffre vraiment de dyslexie mentale. Sa doctrine de base est le dépensialisme. Et c'est un préjugé cognitif, qui ne permet pas aux personnes qui en souffrent, d'être capables de se voir elles-mêmes. Et dans certains cas, la plupart de ces dépensiers ne savent même pas que ces problèmes nous affectent, et ils avancent simplement parce qu'ils voient d'autres le faire.

Mais cette attitude fait partie d'un caractère inné de la personnalité, donc il va être très difficile pour ces personnes de se découvrir, ou même pour les autres de les découvrir. Et cette condition, bien sûr, sera un problème assez complexe à résoudre au moyen d'une aide psychologique, car il est supposé que pour pouvoir changer cette aptitude de manière consciente, le premier pas à faire est précisément d'être capable de se reconnaître soi-même. Mais les dépensiers ne le font pas, parce qu'ils ne savent pas qu'ils ont ce biais cognitif. Et en essayant de leur parler, ce serait comme expliquer à un fou les causes de sa folie, parce qu'ils ne vont pas pouvoir comprendre cela.

Ce sont des gens qui vivent mentalement dans leur propre monde d'impossibilité. Ils sont maladroits, et ils ne perçoivent les phénomènes du monde qu'à leur manière; ou comme ils croient que la société est, mais ils ne contribuent en rien à l'améliorer. De telle sorte que pour eux, les autres auront toujours tort, parce qu'ils croient que le monde est vraiment comme ils le voient. Ils ne peuvent pas être créatifs, mais ils ont une étonnante capacité à copier ou à imiter les qualités de ceux qu'ils considèrent comme les possesseurs d'une certaine compétence qu'ils ne possèdent pas. Et s'ils ne réussissent pas, parce qu'ils ne savent pas comment le faire, ils essaient d'acquérir avec l'équivalent en argent, la capacité des autres, pour que ces autres, fassent le travail qu'ils ne sont pas capables de faire, ou résoudre un problème qui pour eux est complexe. Et ils mettent à leur disposition tous les moyens et ressources, pour que celui qu'ils envisagent d'y parvenir, se sente confiant et à l'aise dans sa tâche, au moins pendant la solution de l'affaire, ce qui est extrêmement complexe pour le dépensier. Et ils consultent toujours les experts, parce qu'ils n'ont pas la capacité de canaliser la solution du problème par la logique. Et les dépensiers ne savent pas comment aborder une certaine stratégie.

Ils présentent toujours une incapacité mentale, mais ils essaient de ne pas le prouver. Et à tout ce qu'ils considèrent déroutant, ils veulent donner une explication scientifique, quand dans un groupe, ils en attrapent un ou un qu'ils considèrent qu'ils ne vont pas opposer leurs arguments. Et ces problèmes scientifiques qu'ils croient pouvoir maîtriser correctement, ils ornent leurs expositions d'une touche spéciale, pour rehausser leurs prétendues facultés de sagesse.

Et ils achètent les idées des autres ; mais une fois qu'ils ont ce qu'ils veulent, ils les achètent et les menacent pour ne pas les trahir, parce qu'à partir de maintenant ils ne veulent plus savoir qui a fait le travail pour eux. Et de cette façon, ils essaient d'effacer les preuves, de démontrer que c'est eux qui ont contribué à l'idée. Et ils devront toujours s'en remettre à d'autres experts pour pouvoir subvenir à leurs besoins avec leur handicap mental, parce que les dépensiers ne sont pas capables d'accomplir les choses par eux-mêmes.

Ce sont généralement des gens qui aiment l'argent; et ils achètent l'intelligence des autres, parce qu'ils ne veulent même pas reconnaître la capacité des autres. Seulement celui qu'ils ont acquis avec de l'argent. Et pour ne pas reconnaître les capables, ils inventent d'une certaine façon le mensonge, d'une certaine façon, pour nuire à ceux qui les ont réellement aidés à obtenir leurs réalisations.

Et les dépensiers s'enferment dans des cercles de pouvoir, afin de ne pas perdre leur position; ou comme un moyen de sauvegarder des privilèges qu'ils ne méritent pas vraiment. Et ils soulèvent fièrement une fausse attitude d'accomplissement obtenue par quelque chose qu'ils n'ont pas réalisé par eux-mêmes. Parce qu'ils n'agissent que par instinct. Ce sont des humanoïdes, ou ils seraient comme la transition, s'ils le font, entre un animal et un être humain intelligent.

Et il y a un grand nombre de ces personnes, parce que même vous aurez l'occasion d'aller les reconnaître. Et vous en aurez beaucoup, parce qu'ils sont autour de vous. Mais ils ne pourront pas lire ce livre, parce que pour eux, ce livre n'a aucune valeur. Quoi qu'il en soit, cette connaissance est également relative. Et d'autres dépensiers ne verront que certains actes et actions d'autres dépensiers, exposant des événements, où le grand génie germe et se transfigure. Et par un discours stupide, ils s'engagent dans l'histoire, mais de ce labyrinthe chronologique, ils ne pourront pas sortir, parce qu'ils ne connaissent même pas la première strophe de l'hymne national.

Les dépensiers veulent profiter des connaissances des autres, et copier exactement l'image des autres, pour se montrer devant les autres, avec ce qu'ils ne peuvent pas réaliser par eux-mêmes. Et quand ils instruisent des groupes, ils s'enfuient pour transmettre ce que les autres ont copié, comme si c'était leur idée. En même temps, ils choisissent stratégiquement ces groupes, car ceux qu'ils choisissent doivent avoir moins de valeur cognitive. C'est pourquoi, pour la plupart, les dépensiers deviennent souvent des enseignants du primaire. Parce qu'il y a beaucoup d'enfants et qu'il y aura une occasion unique de pouvoir donner des ordres. Mais en général, très peu ont une finalité d'éducation ou de formation de l'enfant.

Ainsi, ces personnes se formeront et participeront à des groupes, dans lesquels il y en a d'autres de faible niveau intellectuel, parce qu'en le faisant dans cette catégorie, elles pourront exprimer ce qu'elles ont copié des autres sans recevoir d'objections. Et ce qu'ils copient, ils peuvent l'énoncer avec beaucoup d'habileté et de grâce, parce qu'ils savent que ces groupes de l'intellect inférieur peuvent les flatter et les reconnaître comme des génies.

Mais quand ils sont devant un groupe plus avancé, ils se taisent, parce que les dépensiers savent bien qu'ils ne toléreraient pas les objections, ou les questions auxquelles ils ne pourront pas répondre. Beaucoup prennent des notes et les apprennent, mais cachent la source, parce qu'ils exposeront l'idée copiée comme si c'était la leur. Ils ne reconnaissent donc pas la personne qui a émis l'idée. Mais ce sera une idée que les dépensiers ne pourront pas concrétiser, car ils ne savent pas comment le faire. Ils n'ont appris que l'idée, et, douloureusement pour eux, toujours derrière l'idée, doit généralement venir en conséquence un objectif, ou une action qui va entrevoir l'idée.

Et pour exprimer ce qu'ils ont copié des autres, ils se resserrent la bouche et lèvent les sourcils en lançant un peu la tête en arrière. Parce que celui qui a proposé l'idée, ne l'a dit qu'avec les mots qui émanaient de sa pensée, mais à l'arrière-plan de l'idée, un objectif est implicite; et généralement, celui qui propose une idée, ou qui comprend une raison, est celui qui sait comment réaliser ce qui est proposé.

Et pour les dépensiers, l'image copiée ou l'idée, ils réussissent à la faire ressembler à la leur pour pouvoir subvenir à leurs besoins, et ils se sentent bien dotés, parce qu'ils ont peut-être besoin du compliment et de la reconnaissance qu'ils ne peuvent obtenir. Ils disent aux autres avec des détails étonnants ce qu'ils devraient faire ; mais quand quelqu'un leur demande d'essayer de faire ce qu'ils proposent, ils ne savent pas comment le faire. Et ils se tournent à nouveau vers l'expert pour trouver une solution, et le plus sûr est qu'ils ne la comprendront pas non plus, et de cette façon ils se grattent la tête, et vivent toujours confus dans leur esprit, sans proposer une idée qui leur soit propre.

Ils vont et viennent donc d'un endroit à un autre, ou à un vide, parce qu'ils ne peuvent pas ou n'ont pas la capacité d'imaginer, d'associer des idées par la pensée analytique. Et lorsqu'ils auront de l'argent, ils obtiendront cette idée d'une façon ou d'une autre, ce qu'ils supposent être leur propre création après avoir été acquis, car ils ont attribué un prix à cette idée. Et ils l'achètent avec l'équivalent de la valeur de l'argent. Et pour cette seule raison, l'idée leur appartient déjà. Et c'est leur propriété, parce qu'ils l'ont achetée.

Et beaucoup de ces gens viennent à mon imagination: les dirigeants communaux, les aspirants à une charge politique, les ministres du gouvernement, ou les révérends d'une église. Mais ils ne savent pas vraiment qu'avec cette attitude de dépensiers, ils peuvent faire beaucoup de mal à l'administration d'une révolution, à une église, ou même à la coexistence de l'espèce humaine. Parce que la vérité est que ces personnes existent malheureusement et qu'il est très difficile de les découvrir ou de découvrir en elles ces apparences cognitives.

Certains et d'autres deviennent arrogants, c'est-à-dire, parce qu'ils ne peuvent pas exécuter les idées, ils reculent en fuyant en avant, mais non sans d'abord, ils essaieront de nuire moralement et avec des mensonges à celui qui le peut, comme une manière de s'écarter du chemin. Ils deviennent ainsi des critiques faux, présomptueux et méchants.

Et les dépensiers sont aussi les népotistes typiques, parce que certains occupent des postes importants dans certains ministères, et pour ne pas perdre leurs privilèges, nomment un membre de la famille, qui doit habituellement être aussi un dépensier, pour qu'ils puissent l'envoyer, et ainsi atteindre, que ce parent occupe un poste important, mais que ce poste est stratégique pour eux de pouvoir étendre leur grade de dominion. Une gamme d'influences qu'ils ne peuvent pas non plus mesurer, parce qu'ils n'ont pas la capacité de savoir jusqu'où cette limite peut aller. Ils pratiquent donc un égoïsme qui n'a pas de fin non plus.

Les dépensiers des hautes fonctions adorent quand ils sont flattés. Ils sont heureux quand ils les annoncent avec la fanfare d'une trompette, et vous devez bien les recevoir; et si possible, inclinez-vous devant eux quand ils passent, ou tenez-vous debout quand ils arrivent. Parce que si vous ne leur faites pas ces gestes de respect, ils sont offensés. Et ils ne dégustent délicatement qu'une petite partie du grand banquet. Et la boisson pour eux ne peut pas être la même que celle des autres, parce que la leur doit être exclusive. Et les boissons des années à venir leur appartiendront. Mais quand les autres influents partiront, il ne restera que ceux de leur cercle d'influence; et parmi eux, la grande ivresse se déchaînera, et ce qu'ils sont réellement en sortira, parce que la boisson alcoolisée est la seule chose qui réussit à les sortir de leur auto-absorption ou présomption. Ils peuvent même pleurer pendant l'ivresse, la frustration causée par leur dépense.

Et ils essaieront d'occuper les positions les plus influentes et les plus importantes, qui ne sont pas nécessairement celles d'un gouvernement, mais aussi celles d'une opposition de haut rang ; ou par exemple dans une église. Et ceux d'en bas ne seront pas égaux à eux, mais à leurs sujets. Et grâce à cette capacité de se cacher facilement ou d'être sournois, ils sont vains, c'est-à-dire qu'ils parlent trop mais sans aucune nourriture. Et s'ils travaillent comme simples mécaniciens d'un chemin de fer, ils disent que c'est grâce à eux que tout le chemin de fer et les gares ont été conçus et construits avec les chemins de fer. Et ils capturent habilement parmi les utilisateurs de niveau inférieur, pour leur dire que c'est grâce à eux que le chemin de fer existe.

Mais peut-être que les dépensiers existent, rejoignant une liste avec une plus grande quantité de qualités, mais celles-ci sont pires et plus dangereuses que les inutiles, parce qu'il est facile de découvrir les inutiles à cause de leur manque de dextérité ; mais pas les dépensiers, car ils ne participent pas directement au travail, mais ils donnent seulement les ordres, pour que les autres les exécutent. Ils ne savent vraiment pas comment faire.

Et ils parviennent avec une grande habileté à adopter une attitude de grande gentillesse et de délicatesse ou de douceur dans leurs paroles, devant ceux qui peuvent lui attribuer une position importante, parce que d'une voix douce, ils trompent facilement celui qui leur accorde cette position. Mais quand celui qui leur accorde le poste est absent, ils commencent à parler aux autres des faiblesses de celui qui leur attribue le poste, parce qu'ils considèrent qu'il occupe un poste qu'il ne mérite pas ; mais qu'eux, en tant que dépensiers, peuvent mieux exécuter cette position. Mais les dépensiers aimeraient occuper tous les postes en même temps. Parce qu'ils aiment donner des ordres pour qu'on leur obéisse fidèlement. Et quand quelqu'un les réfute, ils deviennent furieux, par exemple en se contractant et en sautant avec le bout de leurs pieds et en serrant les dents et les poings. Leurs yeux sont germés et arrondis. Ou bien ils émettent un tremblement orageux avec leurs mâchoires, et souvent ils montrent une pâleur sur leur visage et une blancheur sur leurs lèvres. Et ils deviennent gris.

Et vouloir les sortir de ce monde sera une tâche difficile. Parce qu'ils sont "aussi riches de villes" ou arrogants; et qu'ils veulent être dominants, puisqu'ils sont les seuls à croire qu'ils sont les seuls, et donc qu'ils sont ceux qui méritent la reconnaissance des autres. Ce sont des voyous.

Mais peut-être que les dépensiers sortent d'un "chemin étroit" pour entrer dans leur monde, dans la mesure où ils admirent ceux qu'ils voient avoir atteint un degré qu'ils ne pourront pas atteindre. Bien que plus tard, ces dépensiers puissent occuper des postes dont ils s'occuperont jalousement, afin que ceux qui ont des idées ne s'approchent pas, car chez les dépensiers il y a la crainte que quelqu'un de plus qualifié qu'eux puisse les déplacer de leur poste. Et c'est pourquoi ils restent protégés par le mensonge, parce que, comme nous l'avons dit, ce ne sont pas des locuteurs au sous-sol.

Et en général, les dépensiers peuvent réussir en affaires, car ils ne sont pas des créateurs, et ils ne risquent pas grand-chose. Et si l'entreprise fonctionne toute seule, ils ne se rendront même pas compte de la façon dont elle le fait. Et ils paient quelqu'un pour les gérer. Et si l'entreprise se développe et va bien, ils disent que c'est à cause d'eux. Mais si les affaires tournent mal, ils blâment le gérant. Et ils crient à l'incapacité de l'autre. Mais aussi si quelqu'un gère son entreprise avec de bonnes stratégies, cela peut générer de grosses fortunes, qui à leur tour les nourrissent comme une boule de neige de leurs dépenses. Et ils auront un yacht ; mais peu importe qu'ils n'aient pas de plage, mais il faut que ce soit le meilleur yacht, et ils le garent sur le plat devant leur maison, seulement pour savoir qu'ils ont un yacht. Pour le plaisir qu'ils ressentent, quand les autres voient qu'ils sont les seuls à pouvoir avoir un yacht. Et ils veulent juste avoir un yacht, parce que ça leur donne du glamour.

Et les dépensiers ne cherchent qu'à dominer le marché mondial. Même s'il est possible de commercialiser sur la planète Mars ou n'importe quelle planète à laquelle ils peuvent penser, parce qu'ils ne peuvent pas discerner entre le réel et l'impossible. Eh bien, ils veulent juste aller de l'avant, sans penser aux autres, ou à ceux qui n'ont rien, même pas quelque chose à manger.

Et les dépensiers utilisent n'importe quelle stratégie trompeuse pour créer d'une manière ou d'une autre leur fortune éphémère; et ce pourrait être par le biais d'une société fantôme ou une société qui n'est pas réelle. Et pour y parvenir, ils créent le marché boursier, où ils ont la possibilité de ne rien créer mais de faire de l'argent. Et avec cela, ils peuvent trouver une extravagance, comme une compagnie pétrolière qui est un fantôme. Et cette compagnie vend du pétrole. Mais la compagnie n'a pas de pétrole, parce qu'ils ne placent que les actions de la compagnie fantôme sur le marché boursier. Et ils ne livrent pas le pétrole négocié, parce que la livraison de ce pétrole est pour l'avenir. Mais l'avenir ne viendra pas non plus, et donc le succès de la grande compagnie pétrolière, car ce qu'elle vend n'est pas un bien réel.

Ce sont les esprits dont les pensées sont inversées, et c'est pourquoi ils doivent devenir des dépensiers, parce que l'Univers va bien et sur la bonne voie. Et il y a aussi ceux qui suivent correctement cette réalité de l'Univers. Alors que les dépensiers peuvent passer leur vie entière à agir de cette façon, et ils reviennent convaincus qu'ils sont les seuls à avoir raison. Mais ils en alimentent un grand conflit social, parce que ceux qui ont raison ne se laisseront pas enlever le pouvoir, qu'il soit politique ou économique, et le donner aux dépensiers, parce que ceux qui ne sont pas dépensiers comprennent que les dépensiers ne savent pas comment gérer la situation.

Mais de toute façon, il est bon d'observer que cette attitude superficielle des dépensiers, sont les actions qui enrichissent, pour ainsi dire, et renforcent davantage les critères de ces esprits qui peuvent penser correctement.

Peut-être que ce qui fonctionne le mieux pour sortir le dépensier de son monde, c'est l'hypnose, tant que le psychologue ou l'hypnotiseur n'a pas le même parti pris de dépensier, parce que je connais plusieurs psychologues qui en ont un. De telle sorte que ceux qui veulent diriger l'hypnose, doivent être ceux qui savent vraiment la diriger, afin d'identifier ces personnes, qui se laisseront peu à peu conduire à la réalité, que le monde peut être vu d'autres perspectives, ou que dans le monde, il y a beaucoup de pauvres, qu'il faut aider, pour que chaque bien acquis ait une valeur supérieure, et seulement ainsi il sera possible d'obtenir la flatterie sincère que cherchent les dépenseuses.

Mais certains auront observé que ces personnes sont prises en compte, mais après que nous ayons subi une grande insistance. Cependant, après ce qui a été convenu le matin, l'après-midi, ils l'oublient et replongent dans leur méfiance, car ils sont indécis. Et ils continueront à réfléchir à un vide ; ou convaincus que le monde est tel qu'ils le voient. Et que pour eux, les mauvais sont les autres. Nous devons donc vraiment avoir ce que beaucoup appellent de la patience pour être en mesure d'interagir avec les dépensiers.

Et les dépensiers devront grimper vers le haut pour atteindre un point de transition, tout comme les molécules d'eau se transforment en vapeur depuis la surface d'un étang.

Mais paradoxalement, bien qu'ils ne soient pas capables d'occuper les postes les plus élevés, les plus humbles sont souvent les plus fidèles. Et ils sont en nombre comme l'eau qui reste liquide dans l'étang ; et ils sont les plus obéissants qui contribuent le plus à la noble cause; par exemple d'une église, ou dans un gouvernement; et ils sont ceux qui soutiennent l'église ou le gouvernement avec plus de force et de dévouement. Mais les dépensiers avec leur habileté trompent aussi, et beaucoup d'humbles défendent avec ferveur les dépensiers. Peut-être parce qu'ils ne le savent pas, ou parce qu'ils sont aussi des dépensiers qui espèrent qu'un jour, eux aussi pourront occuper ces postes élevés.

2

EN POLITIQUE, L'OPPOSITION N'EST PAS DE S'OPPOSER

C'est le dépensialisme qui contribue à créer une injustice collective amère, et de là surgissent les grands conflits sociaux qui ne finiront jamais ; jusqu'à ce qu'une seule caste d'êtres conscients et intelligents se forme. Et pour y parvenir, nous devons former une nouvelle société, de sorte que, en même temps, une nouvelle humanité se forme à la fois physiquement et énergétiquement.

Et les dépensiers appellent le démocrate en dictateur, parce qu'ils parlent de liberté, mais de posséder leur liberté pour opprimer les autres. Et s'ils étaient pauvres, mais qu'ils ont réussi à sortir de la pauvreté, alors ils mépriseront ceux qui sont encore pauvres. Et avec leurs fortunes accumulées, les dépensiers cherchent et paient bien d'autres dépensiers, afin d'atteindre leurs objectifs, et d'étendre leur domination sur les autres. Et ainsi sera maintenu vivant un grand conflit qui ne finira jamais, parce qu'il est alimenté par un acte illégal qui provoque une lutte perpétuelle entre deux classes différentes. Mais cette lutte ne prendra fin que lorsqu'il n'y aura plus qu'une seule classe sociale.

Et Bertrand Russel a dit: "Le problème avec le monde, c'est que les incompétents sont sûrs de tout, tandis que les capables vivent pleins de doutes".

Mais le monde, et c'est la grande préoccupation de tous, c'est que ces "penseurs" dépenseurs ont été la cause de la plus grande tragédie, qui a causé la division de l'espèce humaine. Et tout s'est passé dès le moment où la connaissance est tombée entre les mains des dépensiers, et ils ont vu l'opportunité de faire un profit économique. C'est-à-dire, entre les mains de ceux qui absorbent les connaissances des autres, de ne les utiliser que pour des actions perverses, ou dans le seul but de gagner de l'argent en vendant leurs armes mortelles. Mais avec elle, ils traînent et balaient, comme un vade-mecum avec cette tragédie, tous les êtres vivants, vers l'un des plus grands malheurs que toute civilisation ait causé sur Terre.

Et les dépensiers adorent la politique, parce que participer à la politique leur donne l'occasion de gouverner, et leurs ordres peuvent être obéis par un collectif. Et il y a une grande opportunité de faire un discours; ou de gérer une fausse rhétorique avec une grande habileté, parce qu'ils peuvent marcher d'un côté à l'autre pour se vanter, et être capables de montrer leurs talents oratoires, au moyen d'une harangue qu'ils ont appris, mais ils ne pouvaient l'imaginer, car ils n'ont dans leur esprit, comme dépenseurs, aucun objectif tracé. Et s'ils n'y parviennent pas, mais qu'ils ont beaucoup d'argent, parce qu'ils l'ont acquis par la corruption, ils peuvent influencer pour générer un conflit national, mais en utilisant le mensonge, pour cacher par le chantage, l'origine de sa dégradation.

Mais ils ne planifient pas une stratégie raisonnable, par exemple pour gagner des voix dans un jeu où les normes démocratiques et l'État de droit prévalent. Car comme la science éclipse les religions, l'humanité doit nécessairement créer les règles qui régissent la coexistence; mais ces règles doivent être respectées par tous, pour qu'une société puisse coexister. Mais les dépensiers, généralement, appliquent une stratégie à l'inverse, pour obtenir les votes. Et ils ne vivent que le moment où ils sont dus, sans pouvoir aller de gauche à droite dans le panorama des événements. C'est-à-dire que les dépensiers n'ont pas de vision d'avenir ou d'imaginaire, d'acuité mentale et qu'ils ne sont que des aérateurs en tant que chiens. Ils ne planifient pas mentalement, parce qu'ils ne peuvent pas avoir d'imagination; par conséquent, ils ne peuvent pas non plus être visionnaires, de façon à pouvoir imaginer ce que ce sera ou comment arriver à ce que la société veut être. Et ils marchent avec les orteils de leurs pieds, parce qu'ils veulent paraître différents des autres.

Aussi dans ce cas de la politique, les dépensiers sont ceux qui causent les grands conflits sociaux, parce que les dépensiers causent un grand mécontentement social; puisqu'ils manquent d'enracinement, de loyauté envers eux-mêmes, ils ne se soucient donc pas d'une distinction politique. Ils peuvent donc faire partie du gouvernement sans être d'accord avec lui, parce qu'ils ne seront que du côté qui déterminera la façon dont leurs intérêts seront défendus. En d'autres termes, les dépensiers de part et d'autre sont sans vergogne. Et de là, ils participent d'un côté ou de l'autre, quels que soient les motifs ou les raisons des luttes sociales.

Et pour résoudre ces incertitudes, les vrais leaders, qui peuvent avoir et apporter une stratégie pour réorienter et réordonner tous ces conflits causés par les dépensiers, se présentent ou arrivent. Même ces dirigeants ne se soucient pas de l'argent, et ils n'attribuent aucune valeur à leur fortune, quelle qu'elle soit, comme Simón Bolívar l'a fait. Ou au moment où j'écris ces lignes, je viens de recevoir un courriel de la Fondation Bill & Melinda Gates, ce qui signifie que vous devez aussi reconnaître la générosité de Bill Gates pour vouloir partager sa fortune à travers une fondation qui sert principalement les enfants et les personnes malades à faibles ressources.

Mais une fois que les dépensiers verront que le chef a réussi à rétablir l'ordre, ils essaieront à nouveau de reprendre l'administration; parce qu'ils pensent, et sont complètement sûrs, qu'ils sont les meilleurs, et les seuls qui peuvent le faire mieux. Et si tout va bien, ils ont compris que l'opposition, c'est de s'opposer, et ils nuisent à tout, parce que d'une certaine façon, ils sont les seuls qui peuvent bien faire les choses. Et ils auront recours à toutes sortes d'astuces ou de tromperies, pour faire comprendre au monde que c'est la faute de celui qui a bien fait les choses. Parce que ce sont les dépensiers qui savent tout. Et cela peut sembler une parodie à remplir dans ce livre, mais il s'avère que c'est une situation réelle, et c'est ce qui alimente les conflits entre les êtres humains.

Dans certains pays, on l'appelle à tort gouvernement, le groupe de personnes qui gèrent les ressources de l'État. Et, le nom correct est administration. Et le gouvernement, c'est le groupe qui gère. Mais le sens du sens a été pris comme quelqu'un qui intimide ou intimide avec un fouet de commandement.

Mais le mot opposition n'est pas à opposer non plus, car en politique, ce que l'on entend par opposition, ou son vrai sens, c'est que l'administration ou la direction, à son tour, fait les choses mieux que la direction précédente. De telle sorte qu'elle oblige les électeurs, afin qu'ils puissent choisir le meilleur, ou qu'ils choisissent correctement celui qui leur prouve, qu'ils puissent mieux gérer les ressources qui appartiennent à tous.

Mais beaucoup comprennent que l'opposition est de s'opposer, et se tournent vers des idées opposées comme de véritables dépensiers. En d'autres termes, ils disent du mal de celui qui dirige actuellement l'administration, en utilisant des stratégies basées sur le mensonge et le délit. Ou bien ils cachent des biens de base, comme de la nourriture et des médicaments, pour tenter de plier la majorité. Et ce qu'ils pensent que l'autre administration a bien fait, alors ils essaient de le détruire, parce que l'idée des dépensiers, c'est de s'opposer à tout, afin de capter l'admiration et le vote de 50% de la population qui est aussi dépensière.

Ou bien ils recourent à des stratégies qui ne sont que de nature psychologique, comme la haine et la xénophobie, pour tenter d'attirer l'admiration. Mais ils veulent toujours gagner. Et si cela ne fonctionne pas pour eux, alors ils se tournent vers d'autres dépensiers, qui ont aussi beaucoup d'armes et d'argent, parce que ces dépensiers ont réussi à mieux protéger ce qu'ils ont acquis comme dépenses. Cette haine induite assure leur domination, mais elle est déjà incontrôlable ou globale, car comme nous l'avons dit, les dépensiers n'ont pas de frontières, et ils peuvent déployer leurs domaines et ambitions, puisqu'ils ne peuvent prévoir le grand mal qu'ils causent à l'humanité. Parce qu'ils ne le savent pas vraiment, parce que ce sont des dépensiers.

Mais comme ils aiment la politique, ils n'entreprennent pas une carrière scientifique, mais une profession dans laquelle il n'est pas nécessaire de réfléchir beaucoup. Et les scientifiques ne veulent rien savoir de la politique, parce qu'ils ne sont intoxiqués que par la science.

Et les dépensiers ne sont pas capables de comprendre que l'opposition ne signifie pas vraiment s'opposer, mais faire les choses mieux que l'autre administration. Par exemple, si une administration construit 5 écoles, et que l'autre qui n'est pas dépenseur s'y oppose au tour de son administration ; et pour s'y opposer, celle qui n'est pas dépenseur construit, au lieu de 5 écoles, 10 écoles ; pour ce faire, démontrer qu'il est un meilleur administrateur, ou qu'il est capable de savoir que le meilleur moyen de diriger une nation, est d'instruire sa population, à cause de cette opposition positive, maintenant la nation aura 15 écoles au lieu de 5.

Mais quand le tour de l'administration est pour un dépensier, nous n'aurons aucune école, parce qu'en tant que dépenseur, il s'oppose et ne construit pas d'école. Et comme ce n'est pas lui qui a construit les 5 écoles, le dépensier croit que la meilleure façon de faire opposition est de détruire les 5 écoles construites par l'autre administration. Et il n'y aura plus d'écoles, parce qu'il ne les a pas fréquentées, puisqu'il ne les a pas construites, et a donc réussi à les détruire. Maintenant, la nation, en plus de zéro école, aura une centaine d'œuvres rendues inutilisables par les dépensiers.

Et les dépensiers se cachent entre une administration et l'autre, causant de grands dommages aux deux administrations, et ils peuvent, par exemple, créer une hyperinflation, car en tant que dépensiers, leur seul espoir est de devenir millionnaires, mais peu importe qu'avec ces millions ils ne puissent rien acheter, car les dépensiers ne savent pas que la valeur des biens est relative. Mais ce ne sont que des dépenses. Et puisque la valeur relative des biens affecte le pouvoir d'achat de la majorité, principalement celui des plus pauvres, les dépensiers pensent bien sûr que c'est le bon moyen pour eux de redevenir administrateurs.

Et les dépensiers, gaspillent les ressources des nations, parce qu'ils ne savent pas comment les administrer, mais ils croient qu'ils sont le gouvernement ; mais pas avec le terme correct de gestionnaires, mais qu'ils peuvent persécuter ou intimider avec leur punition. Et autant qu'ils le peuvent, ils le détruisent et n'ont d'autre choix que de remettre l'administration. Mais quand l'autre administration arrive et parvient à tout remettre en ordre, elle veut prendre le pouvoir par la force. Et s'ils le font de manière légale, ils détruiront à nouveau ce que la nouvelle administration a réussi à mettre en ordre; même la haine peut être si forte qu'ils attaquent et détruisent, ce qui n'a aucun sens en soi, celui de foncer contre la décoration.

Et cela ressemble à une histoire inventée pour être imputée à une certaine administration, mais c'est vraiment ce qui cause le grand échec d'une civilisation qui parvient à s'autodétruire. Une fois, par exemple, j'ai eu l'occasion d'observer un administrateur qui a réussi à mettre de l'ordre dans une grande nation. Il n'est pas intervenu dans les guerres. Et dans le transfert de commandement, l'administrateur sortant a donné à l'administrateur entrant des livres, où il était spécifié, et il le lui a dit, qu'il lui a donné un surplus de 750 milliards de dollars. Mais le nouvel administrateur, en tant que dépensier, voulait rendre des comptes, mais la seule chose qu'il voyait, c'était les guerres, qui ont causé à la grande nation un déficit de 750 milliards de dollars. En d'autres termes, le dépensier, en tant que nouveau chef de cette administration, a causé une dépense de 1,5 milliard de dollars à cette nation. Mais en plus, il a quitté son pays plongé dans une guerre contre tous. Il a quitté le monde comme champ de bataille. Et une civilisation avec ces caractéristiques, vraiment qui ne sera pas en mesure de se maintenir pour longtemps.

Mais une autre des choses les plus regrettables, c'est que précisément, nous ne saurons pas si ces dépensiers réaliseront un jour qu'ils sont des dépensiers. Eh bien, comme nous l'avons déjà dit, c'est comme essayer d'expliquer à un fou l'origine de sa folie. Ou parce que la connexion énergie-corps ne se fera pas toujours comme prévu; et dans certains cas, il y a une grande confusion à cet égard. Mais dans le cas contraire, si nous rencontrons ou rencontrons quelqu'un qui n'est pas un dépensier mais un leader, on est plongé dans une véritable empathie, avec ces gens qui voient les choses du même point de vue. Et ce n'est pas par hasard, ces grands amis sont de la même profession. Comme les musiciens, par exemple, ou ces congrégations religieuses euphoriques. Et parce que le dépensialisme est relatif, même s'ils manifestent ce désir collectivement, souvent lorsqu'ils sont laissés seuls, les dépensiers retournent à leur condition. Mais pas sans d'abord, convaincus que ce sont eux qui méritent d'occuper les plus hautes positions dans l'église. Et s'ils ne réussissent pas, ils fondent leur propre église à part.

Certains rendent les rangs de l'église inaccessibles au commun des mortels, parce que les plus hautes fonctions les maintiennent dans un zèle et un secret absolu. Quant à un gouvernement, il forme des cercles de pouvoir impénétrables. Car ces sièges sont réservés aux plus honorables ; et ils ne le cèdent qu'à ceux qui sont plus dépensiers ; ou dans une église, à ceux qui contribuent socialement et économiquement à "la noble cause de leur église". Mais ils s'assurent d'une certaine manière d'être les pasteurs de la vie, et de rester au sommet de la pyramide, pour ne jamais abandonner leur première place. On pense que les guerres du Moyen-Orient se nourrissent, car quand un prophète meurt, il ne laisse pas de successeur à sa place.

Mais s'il s'agissait d'une nation gouvernée par des dépensiers, ils élaborent des lois qui ne préservent que leurs intérêts, et placent dans les postes clés de l'administration, d'autres dépensiers de confiance, tels que le ministre des Finances, le chef du Trésor, ou le président de la Banque centrale. Et ce seront des postes à vie, parce qu'ils veillent à ce que ces points clés ne soient pas soumis à un processus de vote. Et avec leurs lois, ils s'exemptent de leurs crimes ; ou même les pourvoient. Parce que même s'ils ne commettent pas de crimes, parce qu'ils sont censés le faire, les dépensiers ne voient que des crimes, des guerres et des ennemis partout dans leur esprit vide. Et de cette manière tournée vers l'avenir, cette peur les fait prévoir la punition de ces crimes avant de les commettre, parce qu'ils sont déjà préparés, ou si nécessaire. Parce que dans leur esprit, il n'y a que la défense prudente de leurs intérêts, si quelqu'un osait les emmener. Et ils forment une véritable monarchie.

Et les grands conflits mondiaux ne sont créés que par les dépensiers de la Terre. Mais le problème le plus circonspect serait de savoir pourquoi les êtres humains agissent ainsi. Et ce livre pourrait être plus complet, mais l'idée est qu'il devrait être un résumé des huit livres précédents, parce que l'humanité, vraiment qu'elle ne peut pas continuer sur ce chemin de dépense, mais il doit être une coexistence très agréable et joyeuse parmi tous les êtres qui habitent la Terre.

À PROPOS DE L'AUTEUR

DIPLÔMÉ DE L'ÉCOLE DE CHIMIE, FACULTÉ DES SCIENCES DE L'UNIVERSITÉ CENTRALE DU VENEZUELA, AVEC UN DIPLÔME EN TECHNOLOGIE CHIMIQUE. DES ÉTUDES DE TROISIÈME CYCLE EN SCIENCES ET TECHNOLOGIES ALIMENTAIRES. TRAVAUX SPÉCIAUX SUR LA CHIMIE DES PRODUITS NATURELS ET LA CHIMIE DES MALADIES. L'ÉTUDE DE LA COSMOLOGIE ET DE L'ORIGINE DE L'ÉNERGIE SPIRITUELLE.

www.ingramcontent.com/pod-product-compliance
Lightning Source LLC
Chambersburg PA
CBHW031335290526
45784CB00014B/2752